LE DAMOISEL

ET

LA BERGERETTE;

OU

LA FEMME VINDICATIVE;

PANTOMIME EN TROIS ACTES,

De J. G. A. Cuvelier.

Jouée sur le Théâtre de la Cité, et remise le 13 Pluviôse an 7, avec de nouveaux changemens, et des Manœuvres équestres, exécutées par Francony et sa Troupe.

PARIS,

BARBA, Libraire, Palais – Royal, derrière le Théâtre Français, N°. 51.

~~~~

Imprimerie de DELAGUETTE, rue Saint-Merry, N°. 22.

~~~~

Juillet 1814.

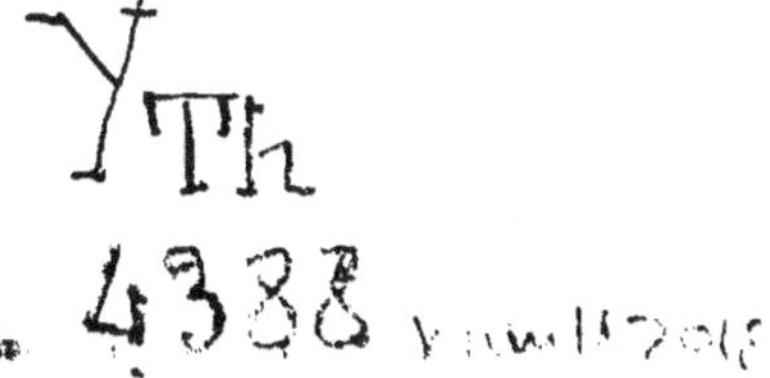

PERSONNAGES.   ACTEURS.

Le DAMOISEL DE RAVENSTEIN.	CLAUSEL.
Le prince de WIRTEMGK, électeur palatin.	TAUTIN.
GORK, paysan, père de Caroline.	BAROTEAU.
GILDEBERK, écuyer du Damoisel.	VICHERAT.
ROSWN, écuyer de l'Electeur.	SAINT-MARTIN.
LOVE, fils naturel du Damoisel et de Ca- roline.	
CAROLINE, Bergerette.	Mlle. JULIE.
La princesse de WIRTEMGK, sœur de l'Electeur.	M^e. DESARNAUD.
Une Abbesse.	M^e. HAINAULT.
Une Tourière.	
Le Chef des Gardes de l'Electeur.	BOICHERESSE.
La mère FRITZ, aubergiste.	M^e. HAINAULT.
Sa fille.	Mlle. COULON.
Deux Gardiens des fous.	
Gardes de l'Electeur.	
Chevaliers et Dames.	
Combattans à pied et à cheval.	
Paysans et Paysannes.	
Religieuses.	
Fous et Folles enfermés dans le Moustier, ou maison de fous.	

LE DAMOISEL

ET

LA BERGERETTE,

OU

LA FEMME VINDICATIVE.

ACTE PREMIER.

Le Théâtre représente une campagne; sur la gauche du Théâtre, on voit la chaumière de Gork; sur la gauche, la porte du château de Wirtemgk.

PENDANT une fraîche matinée, le bon homme Gorck, sa fille et Love, son petit fils, sont sortis à la porte de leur cabane pour jouir des rayons du soleil naissant. Le bon homme Gork s'est endormi, son petit-fils entre ses genoux. Caroline est occupée à arranger un panache pour la tête du cheval de son amant..... De son amant! ce n'est pas un berger du village..... c'est le Damoisel de Ravenstein, qui, touché de sa beauté, aime Caroline, et qui l'aime sincèrement, foulant aux pieds le préjugé vulgaire qui établit une si grande distance entre son amante et lui.

Le jeune Love a vu son grand-papa prêt à se réveiller; il va chercher un bouquet qu'il a préparé en tapinois, le montre à sa mère, lui fait part de son idée, et tous deux vont l'offrir au vertueux vieillard attendri, qui le presse dans ses bras.

Cependant une alarme vient saisir Caroline au milieu de sa joie. Son amant ne paraît point; il a promis de venir..... L'enfant, comprenant le chagrin de sa mère, cherche à la consoler, et, avec une naïveté enfantine, lui promet l'arrivée prochaine de son papa.

Sa prédiction n'est point en effet trompée. Ravenstein arrive; déjà il a pressé dans ses bras une amante chérie et le fruit de leur tendresse; mais à cette douce joie succède l'inquiète douleur. Peut-être seront-ils séparés; peut-être quelque avanture sinistre..... Il semble qu'un noir pressentiment le frappe... Le vieux père donne sa bénédiction à l'enfant. Vous croiriez voir un tableau vivant de sentiment et d'amour.

Cependant un bruit lointain appelle leur attention. C'est Gildeberk, fidèle écuyer du Damoisel, qui lui annonce l'arrivée de la princesse et de sa suite. Gork et ses enfans se cachent dans leur chaumière. La princesse bientôt paraît avec ses deux pages.

Depuis long-temps la beauté du Damoisel avait touché son cœur; depuis long-temps elle nourrissait un tendre sentiment. L'indifférence de Ravenstein l'avait désespérée. Elle tente un dernier moyen. La violence de sa passion l'engage à en faire l'aveu. Ravenstein l'entend avec douleur. Son cœur, engagé à une autre, ne lui permet pas de répondre aux vœux de la princesse, il le lui fait entendre ; celle-ci, furieuse, le menace de sa fureur, de celle de son frère. Ravenstein veut fuir ; mais l'arrivée du prince, à cheval, et de sa suite nombreuse, le retient.

L'électeur a entendu parler de la vaillance et des hauts-faits d'armes du Damoisel. Pour lui donner l'assurance de son estime, il lui confère l'ordre de chevalerie. Il lui donne l'accolade ; Roswn, écuyer de la princesse, lui présente et lui attache l'éperon doré.

Ce n'est pas tout. Le prince veut l'unir plus étroitement à lui. Il veut attacher à ses intérêts et à sa famille un chevalier si brave. Il veut l'unir à sa sœur : il prend la main de celle-ci, et veut la joindre à celle du Damoisel.

Ravenstein, confondu, l'œil baissé, ébloui par l'éclat de la suzeraineté, se laisse entraîner ; mais bientôt il pense à Caroline, retire vivement sa main, et jure que, content d'une sage médiocrité, il n'envie ni les rangs ni l'opulence..... La princesse, furieuse de l'affront, se répand en reproches amers.

L'électeur avait pensé qu'un simple Damoisel, von vassal, ne pouvait refuser l'honneur de son alliance. Ce refus inattendu blesse son amour-propre, il bannit Ravenstein de sa présence, et lui ordonne de ne jamais reparaître devant lui.

La princesse reste avec Roswn, son écuyer, qui lui apprend que sa rivale est une paysanne...... qui habite dans une chaumière voisine. Furieuse, elle veut la connaître. Roswn entre dans la chaumière, et en arrache Caroline, qu'il conduit, humiliée et

tremblante, aux pieds de l'électeur et de la princesse.

Celui-ci défend à Caroline d'oser lever ses regards
sur le Damoisel, sous peine d'être enfermée dans
un affreux cachot. L'électeur ajoute qu'il détruira
sa maisonnette et chargera de chaînes son vieux père.

Caroline veut répliquer que l'amour a rendu le
Damoisel son égal. La princesse la repousse loin
d'elle.

L'électeur et sa suite se retirent. Caroline veut
fléchir la cruelle princesse, se jeter à ses pieds ;
celle-ci la chasse de sa présence.

Caroline, restée seule, gémit à l'idée des maux qui
la menacent. Son amant arrive, apprend le sujet de
sa douleur, lui jure un amour éternel ; et, pour lui
en donner le gage, il écrit, sur l'écorce d'un arbre,
ces mots : *Amours sans fin.*

Mais il part pour l'armée : il va se séparer de sa
Caroline, de son vieux père, de Love, cet enfant
chéri. On lui amène son brillant coursier. Love lui
présente le panache, ouvrage de Caroline ; il l'attache au front de ce superbe animal, qui semble
en être plus glorieux. Ravenstein et son écuyer
s'éloignent : Caroline veut le suivre de ses pieds
délicats ; elle veut jouir le plus qu'elle pourra de
sa vue.

Le vieux Gorck place son petit-fils sur un banc de
gazon, lui recommande d'être bien sage, et entre
dans la chaumière où ses affaires l'appellent.

La princesse survient, elle aperçoit ce jeune

innocent ; elle veut épuiser sur lui sa rage. Déjà son poignard est tiré ; déjà elle va frapper Love......
Mais ses caresses ingénues l'attendrissent et la désarment : elle est prête à le remettre en liberté ; mais le farouche Roswn s'en empare, et le porte dans le château.

La mère arrive, cherche son enfant.... regarde dans la chaumière....ne l'aperçoit pas....un vide affreux la saisit.... elle le demande aux échos, elle court de tous côtés.... La cruelle princesse veut jouir du désespoir de sa rivale, elle sort et lui montre son fils qui se débat sur la plate-forme entre les bras de Roswn.

Ce spectacle déchire le cœur de l'infortunée Caroline. L'électeur sort, et, surpris des cris de cette malheureuse, il en demande le sujet. Caroline réclame son fils. La princesse fait entendre à son frère qu'une simple bergerette ne peut avoir de fils, et qu'elle est devenue folle.

Outragée de cette odieuse imputation, Caroline se lamente, les accens de son désespoir persuadent à l'électeur que sa sœur a raison ; il lui permet de faire renfermer sa bergerette dans l'hôpital des fous: des gardes la saisissent.

Le bon homme Gork, attiré par le bruit, veut défendre sa fille : vains efforts ! il est lui-même chargé de chaînes, et on l'entraîne dans un cachot où doit se terminer sa vieillesse.

Fin du Premier Acte.

ACTE II.

Le Théâtre représente la cour d'un Moustier destiné à renfermer les Fous; au-devant est une loge grillée, avec cette inscription : POUR LA VIE.

DES fous de toute condition, renfermés dans un Moustier, offrent le spectacle varié des folies humaines. Tel autre se croit femme, et recherche des adorateurs; tel se croyant empereur romain, croit voir sa princesse dans cette prétendue femme. Des ménétriers de village se croient des Orphées. Un barbouilleur à qui la préférence donnée par l'hôte de la Tête noire à une carricature de son rival, a tourné la tête, se prétend un Apelles, et montre son tableau grotesque à tout venant. D'autres, nouveaux Don-Quichotte, ne respirent que combats et veulent tout pourfendre, l'un avec son sabre de bois, l'autre avec un manche à balai qu'il appelle sa lance.

On y voit aussi des amans.... Et qui en serait surpris? n'est-ce pas la folie qui nous est la plus chère; n'est-ce pas celle dont on desire le moins de revenir?.... Ceux-ci se croyant, pour le moins, un prince et une princesse asiatiques, ne parlent que de ballets, ce ne sont que de danses, de menuets, que se nourrit leur passion.

Cependant la cloche du soir sonne, et les rappelle dans l'intérieur du Moustier.

De tous ces fous, les moins fous sont leurs gardiens, qui, méprisant de vaines chimères, ne trouvent de bonheur que dans la bouteille; c'est cette réalité seule qui les occupe. La tourrière du Moustier s'aperçoit qu'ils veulent esquiver ses regards, elle les fait rentrer; mais bientôt, par une autre porte, ils reviennent dans la cour, et, le verre à la main, se moquent de leur surveillante.

Cependant la maison est tout-à-coup sur pied. L'arrivée de la princesse Wirtemgk attire l'abbesse et ses religieuses. La princesse odieuse annonce à l'abbesse qu'elle lui amène une petite bergerette, folle et furieuse, qu'elle recommande à ses soins sévères. L'abbesse, avec une profonde inclination, répond à la princesse qu'elle sera obéie. Celle-ci se retire; et bientôt on amène la malheureuse Caroline, que l'on enferme dans la loge grillée.

On a la cruauté de lui montrer l'inscription terrible : Pour la vie, écrite sur la porte de son cachot.

Mais arrive une étrangère, voilée, qui présente à l'abbesse une lettre de recommandation, et demande à se fixer dans son couvent. Celle-ci la reçoit et découvre son visage.

C'était le Damoisel qui, ayant découvert que la moitié de sa vie était recluse dans ce Moustier, s'était déguisé en femme, et avait fabriqué une fausse lettre de recommandation.

La bonne abbesse qui n'y entendait plus finesse, tombe dans le piége; elle prend Ravenstein pour une jolie fille, et la baise au front. Chacun des nonains accourt, et donne le baiser de paix à la prétendue fillette.

L'abbesse fait retirer ces indiscrètes, et questionne sa nouvelle compagne, qui cherche des yeux Caroline, et ne peut l'apercevoir, parce qu'un mur en saillie la dérobe à ses regards ; Ravenstein, embarrassé et distrait, ne lui répond que d'une manière ambiguë.

Caroline r'ouvrant ses yeux, les avait jetés autour d'elle. La vue de son cachot excitait sa douleur ; ses gémissemens parviennent aux oreilles du Damoisel.

L'abbesse voulait l'entraîner, et, s'apercevant de son émotion, lui dit que ce n'est rien, que c'est une folle qu'on a enfermée.

Le Damoisel est obligé de la suivre. Cependant il se dérobe un moment à sa surveillante : il s'avance... Les amans s'aperçoivent.... mais l'abbesse appelle la fausse novice, et Ravenstein s'éloigne.

Caroline ne voyant plus son amant, croit qu'elle a été séduite par un songe, et retombe dans son accablement. Dans sa fureur, elle voudrait briser ses barreaux, mais elle s'épuise en vains efforts, et tombe de lassitude.

Cependant Ravenstein, échappé à l'abbesse, s'était glissé dans l'ombre de la nuit : bientôt il est aux pieds de Caroline ; bientôt il presse contre ses lèvres une main que les barreaux trop jaloux laissent seule passer. Mais, après cette première effusion de sentiment, il ne songe plus qu'à la délivrance de sa bienaimée. Il s'avance près du mur, frappe trois fois dans sa main, signal convenu avec Gildeberk......... L'écho seul lui répond...

Les amans sont consternés. Ravenstein veut seul

délivrer son amante. Il lime un barreau; déjà il est ébranlé par des secousses multipliées : Caroline aide autant que ses forces peuvent le lui permettre ; tout-à-coup l'air retentit d'un bruit aigu : l'*Angélus* du matin sonne. Le Damoisel s'arrête, pétrifié d'effroi... Caroline tombe défaillante. Déjà ils aperçoivent une lumière : c'est le falot de l'abbesse, qui, accompagnée de la tourrière et des deux geoliers, fait sa ronde.

Ravenstein se voit au moment d'être surpris ; mais il sait les éviter, et passe du côté opposé. L'abbesse approche de la loge, voit Caroline accablée sur son escabelle, visite les barreaux, et ne s'aperçoit de rien. Ils sortent.

Ravenstein, rassuré, revient près de son amante. Il s'approche du mur, et donne un nouveau signal..... Gildeberk répond par trois autres coups. Bientôt il paraît en haut du mur, et le voilà à terre, dans les bras de son maître. Ils travaillent l'un et l'autre avec ardeur à la délivrance de Caroline. Deux barreaux sont détachés ; elle est dans les bras de son amant. Gildeberk se charge de ce précieux fardeau. Déjà elle est en haut du mur ; Ravenstein va la suivre..... L'air retentit d'un bruit funèbre..... Le tocsin donne l'allarme..... Le Damoisel est surpris, il ne peut fuir ; il ordonne à Gildeberk de fuir avec sa bien-aimée. Pour lui, il entre dans la loge, et s'y jette à la place de Caroline.

La princesse avait été instruite du travestissement du Damoisel. Elle était accourue avec son écuyer et le jeune Love. Elle donne l'alarme au couvent, interroge l'abbesse : on cherche la prétendue novice sans la trouver. On arrive à la loge de Caroline, et à sa place on trouve Ravenstein.

La princesse, furieuse d'avoir laissé échapper sa victime, veut épuiser sa rage sur l'enfant qui, reconnaissant son père, s'était jeté dans ses bras. Elle va le frapper ; mais le brave chevalier saisissant deux pistolets, menace la princesse et son écuyer. Ceux-ci, interdits, n'osent avancer.

La princesse s'arme de dissimulation, et assure au Damoisel qu'elle venait lui rendre son enfant... Celui-ci, stupéfait, la regarde... Profitant de cette distraction, Roswn, l'épée à la main, veut se jeter sur lui ; mais soudain le fidèle Gildeberck paraît sur le mur, le pistolet à la main, et en menace le perfide, qui s'arrête.

Ravenstein remet son fils à son ami, et franchit le mur lui-même, continuant de menacer ses tyrans de ses armes à feu.

La princesse, désespérée, menace l'abbesse et ses nones de sa vengeance, et sort précipitamment.

Fin du second Acte.

ACTE III.

Le Théâtre représente l'Auberge de la mère Fritz.

Les deux geoliers du Moustier, peu embarrassés de ce qui s'y passait , commençaient la journée comme ils avaient commencé et fini celle de la veille. Ils étaient, dans un cabaret, occupés à boire un coup. La jeune fille de la maison , se souciant peu de son ouvrage, s'amusait avec un *bilboquet*, faute d'un amusement plus solide... La mère entre , fâchée contre sa fille , lui remet, en grondant, sa quenouille entre les mains , et sort pour remplir les pots des deux buveurs.

Bacchus est ami de Vénus. Nos deux égrillards en content à la jolie fille qui les écoute ingénument , et , pour ne point faire de jaloux , leur laisse prendre à chacun un baiser ; la mère la surprend encore dans ce passe-temps , chasse les deux téméraires , et gourmande sa fille ; car la bonne maman n'entendait plus raillerie sur l'article.

Roswn s'était mis inutilement à la poursuite de Ravenstein et de sa compagne ; il entre dans l'auberge pour se désaltérer , la mère sort pour lui servir à boire. Ne veut-il pas aussi donner une embrassade ? La jeune fille ne l'aurait pas réfusé pour si peu ; mais la mère paraît , et fait passer Roswn dans une chambre voisine.

Le sort amène dans le même endroit Ravenstein , son écuyer, son amante, et son fils. Pendant que l'on prodigue des secours à Caroline, en qui la joie de se voir rendue aux objets de son affection avait produit une sensation agréable, mais douloureuse. Roswn entre , aperçoit ses victimes. Il sort sur-le-champ, résolu de les livrer à leur implacable ennemie.

Ravenstein sort pour aller à la découverte ; mais Roswn arrive avec ses satellites , découvre Caroline qui s'était cachée, la sépare de son fils , et emmène celui-ci , malgré ses efforts. Lorsqu'ils sont partis, Ravenstein revient , apprend l'aventure fâcheuse , et court avec sa compagne à la poursuite de leurs lâches oppresseurs.

(Le théâtre change et représente un carrousel disposé pour donner un tournois. Une estrade et un dais sont élevés pour l'électeur et la princesse de Wirtemgk.)

L'électeur de Wirtemgk avait invité à un tournois tous les chevaliers des états voisins. Le cortège arrive. Les dames prennent place. La princesse se place sous son dais magnifique. L'électeur, monté à cheval, engage au combat les chevaliers.

Des hérauts proclament l'ouverture du combat de la lance. Quatre chevaliers se disputent la victoire. Deux sont mis hors de combat. Les vainqueurs s'attaquent, leur lances volent en éclats. Ils s'approchent, se saisissent par le milieu du corps, et cherchent à se précipiter à terre l'un l'autre ; ils tombent tous deux , le combat continue à pied, un des deux est terrassé , et le vainqueur se présente à la princesse, qui lui donne la couronne décernée au courage. Le chevalier la reçoit, mais c'est pour la partager avec son rival.

Un cortège brillant arrive. Ce sont Ravenstein, son écuyer et les chevaliers ses partisans, parmi lesquels se trouve Caroline, qui, déguisée en homme, n'est pas reconnue par ses oppresseurs. Tous les chevaliers ont la visière baissée. Des hérauts d'armes proclament l'ouverture du combat à coups de cimeterre ; plusieurs chevaliers s'en disputent l'honneur, une partie mord la poussière ; et les vainqueurs, parmi lesquels est Ravenstein, reprennent haleine, et font place aux combattans à l'épée. Lorsque ce dernier combat est terminé, les premiers reprennent le champ de bataille ; et bientôt Ravenstein demeure seul vainqueur. On le fait approcher. La princesse lui présente la couronne ; il relève sa visière.... O surprise ! elle reconnaît son amant dédaigneux.

Ravenstein s'adresse en ces termes à l'électeur :
« Prince déloyal et cruel, tu m'as persécuté : tu
» as porté le poignard dans le sein d'une épouse
» chérie, tu m'as enlevé mon fils.... Je viens le
» délivrer par la force des armes. Je te défie à un
» combat singulier, à toute outrance, et jusqu'à
» la mort. »

L'électeur répond fièrement :

« Jeune imprudent, je vais t'apprendre qu'on
» ne me brave pas impunément. J'accepte ton défi,
» et je t'annonce que si tu succombes, ton fils doit
» périr avec toi. »

« Gardes ! que mes ordres soient exécutés. »

Un soldat cruel va chercher le fils innocent, et, lui tenant l'épée sur le cœur, attend l'issue du combat.

Les deux combattans, armés d'une hache redoutable, se disputent la victoire et la vie. Longs temps leurs coups redoublés frappent en vain ou la terre, ou leur armure d'une trempe à toute épreuve. Mais bientôt Ravenstein désarme son rival, et, aussi généreux que vaillant, il lui laisse le temps de s'armer d'une épée.

La princesse, furieuse de ce premier revers, a armé son bras; elle s'avance près de Ravenstein, et veut lui percer le cœur; mais Caroline vole à la défense de son amant, pare le coup, et combat la princesse, qui est défendue par Roswn.

Bientôt le combat devient général. Les gardes de l'électeur attaquent les partisans de Ravenstein. La victoire se décide en faveur de ces derniers. Le tyran est tué de la main du Damoisel. Caroline a sauvé son fils et le tient dans ses bras. La lâche Wirtemgk veut assouvir sa vengeance et le frapper dans les bras de sa mère... Caroline la frappe elle-même d'un coup mortel.

Le vieux Gork a été retiré de sa prison, il vole dans les bras de sa fille, qui brise ses chaînes. Le Damoisel va épouser son amante, et jouir de son bonheur.

Aux fureurs de la guerre succède une fête champêtre. Des villageois, des villageoises célèbrent la mort du tyran et la victoire de leur libérateur.

L'allégresse devient générale; tout le monde se livre à de joyeux ébats... Tout le monde, jusqu'aux chevaux qui sont sous la main d'écuyers habiles, exécutent des pas cadencés.

F I N.